DAS SÜSSE

DAS SÜSSE

CHEFCLUB
VERLAG

INHALTSVERZEICHNIS

EINLEITUNG

Es gibt nichts Besseres als das Dessert!

Als wir unser erstes Buch „Best of - Herzhafte Rezepte zum Teilen" in Deutschland veröffentlicht haben, hätten wir es uns nicht träumen lassen, dass es so gut ankommen würde. Sein Erfolg hat uns dazu motiviert, Ihnen nun einen Nachschlag zu servieren. Dieses Buch richtet sich an wahre Genussmenschen und ist gefüllt mit Rezepten, die alle Naschkatzen in süße Versuchung führen werden.

Rezepte für jede Gelegenheit

Ob Geburtstagskuchen, Torten, Fruchtiges oder Schokoladiges: Wir präsentieren Ihnen Rezeptideen, die für jeden Geschmack und jede Gelegenheit etwas zu bieten haben, und die Ihnen vor allen Dingen Lust machen, sich sofort die Kochschürze umzubinden. Unsere Rezepte sind originell, verspielt und leicht umzusetzen und spiegeln so die Philosophie der Chefclub-Welt und ihrer unterhaltsamen Videos wider.

Downloaden Sie die Chefclub-App, um sich die Videos anzusehen

Das Buch und die Videos sind miteinander verbunden:
Am Ende eines jeden Rezepts finden Sie einen QR-Code.
Laden Sie sich die Chefclub-App kostenlos herunter und öffnen Sie sie.
Aktivieren Sie dann den QR-Code-Leser.
Halten Sie die Kamera Ihres Smartphones über das Symbol.
Das Rezeptvideo wird daraufhin in der Chefclub-App abgespielt!

Wir wünschen Ihnen viel Spaß beim Lesen und guten Appetit!

Ihr Chefclub-Team

AUF DIE PLÄTZE, FERTIG, NACHTISCH!

ZEBRASTREIFEN-FONDANT

OB DIESES TARNMUSTER WIRKLICH VOR DEM ANGRIFF LÜSTERNER LECKERMÄULER SCHÜTZT?

 4 PERSONEN

 ZUBEREITUNG
25 Minuten

 ZUTATEN
Für 4 Fondants
100 g Zartbitterschokolade
150 g Butter
4 Eier
80 g Zucker
80 g Mehl
10 Riegel
   Kinder Schokolade®

 MATERIAL
1 Schneebesen
4 kleine Auflaufformen

1 Schokolade und Butter im Wasserbad schmelzen. Eier und Zucker so lange schlagen, bis die Mischung weißlich wird. Anschließend Mehl und geschmolzene Schokolade unterheben (1). Die Mischung so lange rühren, bis ein glatter Teig entsteht.

2 Die Auflaufförmchen zu 3/4 mit Teig befüllen und zwei Stücke Kinder Schokolade® in die Mitte stecken (2). Die Auflaufförmchen dann mit dem restlichen Teig auffüllen und 5 Minuten bei 200 °C im Ofen backen.

3 Fondants aus dem Ofen nehmen und mit dünn geschnittenen Scheiben Kinder Schokolade® belegen (3). Die Schokolade einen kurzen Moment schmelzen lassen. Die Fondants warm servieren (4).

 **CHEFCLUB-TIPP**
Bereiten Sie diese Leckerei noch schneller zu, indem Sie die Butter-Schokoladen-Mischung in 30-Sekunden-Intervallen in der Mikrowelle erwärmen. So ist es noch einfacher!

ÜBERRASCHUNGS-ANANAS

EIN VERBLÜFFENDER AUGEN- UND GAUMENSCHMAUS

 4 PERSONEN

 ZUBEREITUNG
20 Minuten

 ZUTATEN
1 Ananas
125 g Mascarpone
30 g Puderzucker
1/2 Limette
8 Löffelbiskuits
Pekannüsse

 MATERIAL
Frischhaltefolie

1 Die Blätter der Ananas abschneiden und für später aufheben. Die Ananas dann der Länge nach in zwei Hälften teilen (1). Eine Hälfte aushöhlen, sodass sie als Schälchen dienen kann (2). Das Fruchtfleisch in Würfel schneiden, den überschüssigen Saft auffangen und zur Seite stellen. Mascarpone, Ananaswürfel, Puderzucker und ein wenig geriebene Limettenschale miteinander vermischen (3).

2 Die Löffelbiskuits in den Ananassaft eintauchen (4) und dann mittig durchschneiden. Die ausgehöhlte Ananas-Hälfte mit Frischhaltefolie auslegen und die mit Saft getränkten Biskuit-Hälften aufrecht stehend entlang der Seitenwände platzieren (5). Die Ananas dann abwechselnd mit einer Schicht Biskuit und einer Schicht Creme befüllen (6). Die Frischhaltefolie über der Zubereitung verschließen und die Ananas 30 Minuten in den Kühlschrank stellen.

3 Die Frischhaltefolie öffnen, den Kuchen auf eine Platte stürzen und den Rest der Folie abziehen. Die Ananasblätter so platzieren, dass sich optisch die Form einer Ananas ergibt. Den Kuchen mit der restlichen Creme bedecken (7). Dann mit Pekannüssen dekorieren (8). Gekühlt servieren (9).

CHEFCLUB-TIPP
Mit der übrig gebliebenen halben Ananas können Sie ganz schnell ein Sorbet zaubern. Schneiden Sie das Fruchtfleisch in Würfel und stellen Sie es für mindestens 2 Stunden ins Gefrierfach. Pürieren Sie die gefrorenen Ananaswürfel mit etwas Limettensaft anschließend in einem Mixer, und schon können Sie Ihr Sorbet genießen.

KINDER® BUENO-EISTORTE

EINE EISGEKÜHLTE KÖSTLICHKEIT

8 PERSONEN

ZUBEREITUNG
30 Minuten

ZUTATEN
1 L Sahne
3 EL Nutella®
1 EL Kondensmilch
8 Kinder Bueno®
200 g Zartbitterschokolade
100 g weiße Schokolade
8 Kinder Bueno Mini®

MATERIAL
1 Plastikflasche
Klebeband
1 Handrührgerät
1 Kuchengitter

1 Den oberen Teil einer Plastikflasche abschneiden (1). Die Flasche dann der Länge nach durchschneiden, um zwei Hälften zu erhalten. Die zwei Hälften ineinanderstecken (2) und mit Klebeband fixieren, sodass eine Kuchenform entsteht.

2 Mithilfe eines Handrührgeräts 700 ml gut gekühlte Sahne steif schlagen, dann vorsichtig Nutella® und Kondensmilch unterheben (3). Die Form bis zur Hälfte mit der Creme befüllen, dann zwei Kinder Bueno® in der Mitte platzieren. Anschließend mit dem Rest der Creme bedecken (4). Die restlichen Kinder Bueno®-Riegel umgedreht auf den Kuchen legen (5). Dann die Form 4 Stunden ins Gefrierfach stellen.

3 Den Rest der Sahne erwärmen. Die weiße Schokolade und die Zartbitterschokolade separat schmelzen. 200 ml erwärmte Sahne mit der Zartbitterschokolade und 100 ml mit der weißen Schokolade vermischen. Die Eistorte auf einem Kuchengitter umdrehen. Das Klebeband von der Form entfernen und die zwei Flaschenhälften vorsichtig abziehen.

4 Denn Guss aus Zartbitterschokolade über die gesamte Eistorte gießen (6). Die Torte anschließend mithilfe eines Löffels mit dünnen Streifen weißer Schokolade (7) und den Kinder Bueno Mini® (8) dekorieren. Gekühlt servieren (9).

> **CHEFCLUB-TIPP**
> **Um ein perfektes Ergebnis zu erzielen, sollten Sie sicherstellen, dass der Schokoladenguss nicht zu warm und die Torte vollständig gefroren ist.**

CHURRO-CUPS

LECKERE EISBECHER ... ZUM KUSPERN!

6 PERSONEN

ZUBEREITUNG
25 Minuten

ZUTATEN
Für 6 Cups
250 ml Wasser
60 g Butter
70 g Zucker
225 g Mehl
2 Eier
500 ml Pflanzenöl
150 g Zartbitterschokolade
Zimt
Vanilleeis

MATERIAL
1 Spritzbeutel
1 gezackte Tülle
1 Muffinform
1 Topf

1 Wasser, Butter und 30 g Zucker in einem Topf zum Kochen bringen. Sobald das Wasser kocht, die Hitze reduzieren. Mehl hinzufügen und so lange rühren, bis ein kompakter Teig entsteht (1). Den Herd ausschalten, den Teig abkühlen lassen und die Eier einarbeiten. Den Teig anschließend in einen Spritzbeutel füllen.

2 Die Muffinform umdrehen und den Teig kreisförmig um die einzelnen Mulden herum auftragen, ohne dass sich die Ränder der so entstehenden Cups berühren (2). 40 Minuten ins Gefrierfach stellen, dann die Churro-Cups von der Form entfernen. Die Cups einige Minuten frittieren, bis sie goldbraun sind. Mit einem Stück Küchenrolle das überschüssige Öl aufsaugen.

3 Den restlichen Zucker mit ein wenig Zimt vermischen und die Churro-Cups darin wenden. Die Schokolade schmelzen und den Boden jedes Schälchens damit bedecken. Mit einer Kugel Vanilleeis abschließen (3) und dem Rest der geschmolzenen Schokolade dekorieren. Servieren und genießen (4).

CHEFCLUB-TIPP
Wenn Sie keine Muffinform besitzen, können Sie kleine Schälchen verwenden, die sich für diese Technik ebenfalls bestens eignen. Diese Lösung bietet sich zudem an, wenn Sie nicht viel Platz in Ihrem Gefrierfach haben.

KITKAT®-TORTE

ZEIT FÜR DIE NÄCHSTE PAUSE!

8 PERSONEN

ZUBEREITUNG

30 Minuten

ZUTATEN

750 g KitKat®
50 g Butter
330 ml Sahne
300 g Frischkäse
230 g Zartbitterschokolade
30 g weiße Schokolade
30 g Schokoladenkugeln

MATERIAL

1 Gefrierbeutel
1 Nudelholz
1 Teigschaber
1 Handrührgerät
1 Springform (Ø 20 cm)

1 **Zubereitung des Kuchenteigs:**
Die Butter schmelzen. 350 g KitKat® in einen Gefrierbeutel füllen, diesen verschließen und anschließend die Riegel mithilfe eines Nudelholzes so lange zerdrücken (1), bis ein Pulver entsteht. Mit der geschmolzenen Butter vermischen (2) und die Masse auf dem Boden einer eingefetteten Springform verteilen (3). Die restlichen KitKat®-Riegel entlang des Randes der Springform aufrecht stehend platzieren, um eine dekorative Umrandung für die Torte zu kreieren (4).

2 **Zubereitung der Creme:**
200 g Zartbitterschokolade in einem Wasserbad schmelzen. Die gut gekühlte Sahne mit einem Handrührgerät steif schlagen, dann – unter Rühren – den Frischkäse hinzufügen. So lange mischen, bis eine geschmeidige Creme entsteht. Mithilfe eines Teigschabers vorsichtig die geschmolzene Schokolade unterheben (5).

3 **Montage der Torte:**
Die Schokoladencreme in der Form verteilen und glatt streichen (6), dann 3 Stunden kalt stellen. Mit der Klinge eines Messers Schokoladenspäne von der weißen Schokolade und der Zartbitterschokolade abhobeln (7), dann die Torte aus der Form lösen. Die Torte mit Schokoladenspänen und Schokoladenkugeln dekorieren (8). Gekühlt servieren (9).

CHEFCLUB-TIPP
Um perfekte Schokoladenspäne zu erhalten, ohne sich die Hände mit Schokolade zu verschmieren, legen Sie die Schokolade einfach 5 Minuten ins Gefrierfach. Falls Ihnen die Benutzung der Messerklinge nicht behagt, sollten Sie es mit einem Sparschäler versuchen und die Schokolade wie einen Apfel schälen!

SÜSSE ERDBEER-HÄPPCHEN

KNACKIG, CREMIG, UNWIDERSTEHLICH

4 PERSONEN

ZUBEREITUNG
25 Minuten

ZUTATEN
Für 8 Erdbeer-Häppchen
8 große Erdbeeren
8 Spekulatius-Kekse
100 g Zartbitterschokolade
150 ml Sahne
20 g brauner Zucker
60 g Frischkäse
1 TL Vanilleextrakt

MATERIAL
4 Gefrierbeutel
1 Handrührgerät

1 Die Erdbeeren waschen und den Strunk abschneiden. Die Erdbeeren danach mithilfe eines Messers aushöhlen (1).

2 Die Schokolade schmelzen. Den Spekulatius in einen Gefrierbeutel geben und so lange zerdrücken, bis er eine pulverartige Konsistenz angenommen hat. Die Erdbeeren anschließend zuerst in die geschmolzene Schokolade und dann in das Spekulatius-Pulver tauchen.

3 Sahne, braunen Zucker, Frischkäse und Vanilleextrakt so lange miteinander verrühren, bis eine geschmeidige Creme entsteht. Die Creme in zwei Hälften teilen und einer Hälfte vorsichtig die geschmolzene Schokolade unterheben (2).

4 Die weiße und die braune Creme jeweils in einen Gefrierbeutel füllen. Beide Gefrierbeutel gemeinsam in einen dritten stecken (3). Die Ecken aller drei Beutel an einer Seite abschneiden. Mit dem so entstandenen Spritzbeutel die Erdbeeren mit der zweifarbigen Creme befüllen (4). Gekühlt servieren.

CHEFCLUB-TIPP
Die Erdbeere zählt zu den Lebensmitteln mit „negativen Kalorien". Unser Körper verbraucht mehr Energie, um diese Lebensmittel zu verdauen, als sie dem Körper zuführen. Zitronen, Melonen, Mangos, Brokkoli, Lauch und Salatgurken wird diese Eigenschaft ebenfalls nachgesagt.

SCHOKOLADIGER ARMER RITTER

VERFÜHRERISCH UND HERZERWÄRMEND

 4 PERSONEN

 ZUBEREITUNG
20 Minuten

 ZUTATEN
Für 4 Arme Ritter
1 Brioche, ungeschnitten
100 g Zartbitterschokolade
4 EL Zucker
4 EL Nesquik®-Kakaopulver
2 Eier
200 ml Milch
30 g Butter
2 Bananen
Schlagsahne
Schokotropfen

 MATERIAL
1 Schneebesen

1 Die Brioche in vier 6 cm dicke Scheiben schneiden. In der Mitte einer jeden Scheibe einen Einschnitt vornehmen und dort zwei Riegel Schokolade hineinstecken (1).

2 Zucker, Nesquik®-Kakaopulver, Eier und Milch in einer Schüssel vermischen (2). Die Brioche-Scheiben in die Mischung tauchen.

3 Butter in einer Pfanne zerlassen und darin die Armen Ritter anbraten. Regelmäßig wenden, um ein einheitliches Ergebnis zu erhalten (3). Anschließend mit Bananenscheiben, Schlagsahne und Schokotropfen verzieren. Noch warm servieren (4).

 **CHEFCLUB-TIPP**
Um zu verhindern, dass Ihre Armen Ritter anbrennen, sollten Sie zusätzlich zur Butter noch ein wenig Pflanzenöl in die Pfanne geben. Diese Mischung verhindert, dass Ihre Butter schwarz wird und sorgt zudem für eine schöne Bräunung auf Ihrem Brioche. Das gilt selbstverständlich auch für die Zubereitung anderer Gerichte.

BLUMIGER KÄSEKUCHEN

EIN LUFTIGER KUCHEN MIT KUNSTVOLL GESTALTETEN FRÜCHTEN

 6 PERSONEN

 ZUBEREITUNG
30 Minuten

 ZUTATEN
180 g Spekulatius
90 g Butter
500 g Speisequark
5 Eier
150 g Zucker
2 Kiwis
1 Mango

 MATERIAL
1 Springform

1 Die Spekulatius-Kekse zerkleinern und mit der geschmolzenen Butter vermischen. Die Mischung auf dem Boden der Springform verteilen (1).

2 Quark, Eier und Zucker verrühren und auf den Tortenboden geben (2). 20 Minuten bei 180 °C backen.

3 Die Kiwis und die Mango schälen. Die Früchte halbieren und den Kern der Mango entfernen. Alle Fruchthälften in dünne Scheiben schneiden. Die Scheiben jeder Fruchthälfte leicht überlappend anordnen, sodass sie Bänder bilden.

4 Diese Bänder schneckenförmig aufrollen, sodass sie eine Blumenform annehmen (3). Anschließend den abgekühlten Kuchen damit dekorieren. Mit frischen Früchten servieren (4).

 **CHEFCLUB-TIPP**
Um diese wunderschönen Obstblumen zu kreieren, sollten Sie ein sehr scharfes Messer ohne Wellenschliff verwenden. So stellen Sie sicher, dass die Früchte beim Schneiden nicht beschädigt werden.

SCHOKO-TÄSSCHEN

MOUSSE AU CHOCOLAT ZUM ANBEISSEN

6 PERSONEN

ZUBEREITUNG
45 Minuten

ZUTATEN
Für 6 Tassen
180 g Zartbitterschokolade
4 Eiweiße
60 g Zucker
1 Mürbeteig
Karamellsoße
Schlagsahne
Kakaopulver

MATERIAL
1 Glas
1 Muffinform
1 Backblech

1 **Zubereitung der Mousse au Chocolat:**
160 g Schokolade im Wasserbad schmelzen. Eiweiße steif schlagen, Zucker hinzufügen und vorsichtig die Schokolade unterheben (1). 30 Minuten kalt stellen.

2 **Zubereitung der Tässchen:**
Aus einem Mürbeteig mithilfe eines Glases 6 Scheiben ausstechen. Dann 6 große (20 x 5 cm) und 6 kleine (8 x 2 cm) Rechtecke zuschneiden. In jede Vertiefung der Muffinform eine Teig-Scheibe hineinlegen, dann mit den großen Rechtecken den Rand der Vertiefungen auslegen. Die Teile gut miteinander verbinden. Die kleinen Rechtecke zu Röllchen formen und u-förmig zurechtbiegen (2). Die Form bei 190 °C 10 Minuten backen, dann die Henkel dazugeben und weitere 5 Minuten backen.

3 **Montage:**
Die Mürbeteig-Tässchen aus der Form lösen und abkühlen lassen. Dann mit Schoko-Mousse befüllen und mit Karamellsoße überziehen (3). Die Henkel mit etwas Zartbitterschokolade befestigen. Mit Schlagsahne und Kakaopulver verzieren und servieren (4).

CHEFCLUB-TIPP
Sie wollen Kalorien sparen? Bereiten Sie die Schoko-Mousse einfach mit Wasser zu! Schmelzen Sie 250 g Zartbitterschokolade mit 200 ml Wasser. Füllen Sie in Ihre Spüle Eiswürfel, stellen Sie die Schale mit der geschmolzenen Schokolade darauf und schlagen Sie sie mit einem Schneebesen. Nur Geduld, das Ergebnis ist es wert!

EINFACH DIE CHEFCLUB-APP HERUNTERLADEN
UND DIESEN CODE SCANNEN, UM DAS VIDEOS WIEDERZUFINDEN

AQUARIUM-KEKSE

EIN FARBENFROHER SNACK FÜR GROSS UND KLEIN

 6 PERSONEN

 ZUBEREITUNG
30 Minuten

 ZUTATEN
*4 Mürbeteige
100 g Gummibärchen
100 g weiße Schokolade
Smarties® Mini
Bunte Zuckerperlen
Zuckerstreusel*

 MATERIAL
*1 kleine Auflaufform
1 Glas
1 Backblech
Backpapier*

1 Jeweils zwei Mürbeteige übereinanderlegen und mithilfe einer umgedrehten kleinen Auflaufform Scheiben aus dem Teig ausstechen (1). Mit einem umgedrehten Glas in der Mitte jeder Scheibe ein Loch ausstechen. Die so entstandenen Ringe auf ein mit Backpapier belegtes Backblech legen.

2 Zwei gleichfarbige Gummibärchen in die Mitte jedes Rings legen und bei 180 °C 15 Minuten im Ofen backen. Abkühlen lassen und dann die Hälfte der Kekse mit Mini-Smarties®, bunten Zuckerperlen und Zuckerstreuseln dekorieren (2).

3 Die Schokolade in 30-Sekunden-Intervallen in der Mikrowelle schmelzen. Ein dreieckiges Stück Backpapier abschneiden, einen Trichter formen und diesen mit geschmolzener Schokolade füllen. Das untere Ende des Trichters abschneiden und die Ränder der dekorierten Kekse rundherum mit Schokolade versehen (3). Die Kekse mit den nicht-dekorierten Keksen verschließen. Die Schokolade aushärten lassen und servieren (4).

 **CHEFCLUB-TIPP**
Sie haben keine Schokolade mehr in Ihrem Vorratsschrank? Kein Problem! Sie können genauso gut Eiweiß verwenden, um die Kekshälften miteinander zu verbinden!

SCHOKO-BONS®-TORTE

DIE CREMIGE TORTE ... MIT BISS

6 PERSONEN

ZUBEREITUNG
25 Minuten

ZUTATEN
100 g Butterkekse
50 g Butter
2 EL Nutella®
330 ml Sahne
1 Packung Kinder
  Schoko-Bons®
30 g brauner Zucker
180 g Mascarpone

MATERIAL
1 Springform (Ø 20 cm)
1 Handrührgerät
1 Teigschaber

1 Butterkekse zerdrücken und mit geschmolzener Butter und Nutella® vermischen (1). Dann die Mischung auf dem Boden der Kuchenform verteilen (2). 1 Stunde im Kühlschrank kalt stellen.

2 Die gut gekühlte Sahne mithilfe eines Handrührgeräts steif schlagen. Braunen Zucker und Mascarpone hinzugeben und erneut schlagen. 15 Schoko-Bons® in kleine Stücke zerstoßen und mit einem Teigschaber vorsichtig der Creme beimischen (3).

3 Die übrigen Schoko-Bons® der Länge nach halbieren. Auf einer Seite jeder Hälfte dann das abgerundete Ende abschneiden. Die Creme auf dem Kuchenboden verteilen und die halbierten und zugeschnittenen Schoko-Bons® am Rand der Kuchenform entlang platzieren. 1 Stunde in den Kühlschrank stellen, die Form entfernen und kühl servieren (4).

CHEFCLUB-TIPP
Wenn Sie die Schoko-Bons® zerstoßen wollen, ohne viele Krümel zu produzieren, dann füllen Sie sie in einen Gefrierbeutel. Bearbeiten Sie die Schoko-Bons® dann so lange mit einem Nudelholz, bis Sie das gewünschte Ergebnis erzielt haben.

ERDBEER-EISKUCHEN

EISKALT UND FRUCHTIG-FRISCH

 8 PERSONEN

 ZUBEREITUNG
25 Minuten

 ZUTATEN
150 g Erdbeereis
75 g Vanilleeis
75 g Schokoladeneis
250 g Erdbeeren
250 g Mascarpone
500 ml Sahne
70 g Puderzucker
200 g Spekulatius

 MATERIAL
Frischhaltefolie
1 Kastenform
1 Handrührgerät

1 Eine Kugel Erdbeereis, eine Kugel Vanilleeis, eine Kugel Schokoladeneis sowie eine weitere Kugel Erdbeereis nebeneinander auf ein rechteckiges Stück Frischhaltefolie legen (1). Die Folie fest aufrollen, um den Eisbällchen die Form einer Rolle zu verleihen (2) und 10 Minuten ins Gefrierfach legen.

2 Die Erdbeeren in dünne Scheiben schneiden und die Kuchenform von innen damit auskleiden (3). Mascarpone, gekühlte Sahne und Puderzucker mit einem Handrührgerät schlagen (4). Die Hälfte der Masse auf dem Boden der Kuchenform verteilen (5).

3 Die Eisrolle aus dem Gefrierfach nehmen, die Frischhaltefolie abziehen und die Rolle mittig in die Kuchenform legen (6). Anschließend mit dem Rest der Creme bedecken (7). Den Spekulatius umgedreht auf den Kuchen legen (8). Dann die Form 4 Stunden ins Gefrierfach stellen. Aus der Form lösen und gekühlt servieren (9).

CHEFCLUB-TIPP
Um den Eiskuchen aus der Form zu lösen, haben Sie zwei Möglichkeiten: Zum einen können Sie einige Sekunden lang warmes Wasser über den Boden der Kuchenform laufen lassen.
Zum anderen können Sie die Kuchenform bereits bei der Zubereitung mit Frischhaltefolie auslegen und diese an den Seiten überstehen lassen. So brauchen Sie am Ende nur daran zu ziehen und Ihr Kuchen gleitet aus der Form.

SCHOKOLIEBHABER-FONDUE

SCHOKOLADENGENUSS HOCH 3

6 PERSONEN

ZUBEREITUNG
50 Minuten

ZUTATEN
*2 Bananen
250 g Mehl
160 g Zucker
1 Päckchen Backpulver
85 g Butter
2 EL Milch
4 Eier
200 g weiße Schokolade
200 g Milchschokolade
200 g Zartbitterschokolade
Saisonobst*

MATERIAL
*1 Kastenform
1 Salatschüssel*

1 Die Bananen schälen (1) und in einer Schüssel zerdrücken. Mit Mehl, Zucker, Backpulver, geschmolzener Butter und Milch vermischen. Eier hinzugeben (2) und erneut verrühren. Den Teig in eine Kastenform füllen (3) und 45 Minuten bei 165 °C im Ofen backen.

2 Nach dem Backen die oberste Schicht des Kuchens abschneiden (4). Drei quadratische Einbuchtungen in den Kuchen schneiden. Die herausgeschnittenen Kuchen-Quadrate in Stäbchen schneiden (5).

3 Die weiße Schokolade sowie die Milch- und Zartbitterschokolade separat schmelzen (6). Dann jede Einbuchtung im Kuchen mit je einer Schokoladensorte befüllen (7). Das Fondue servieren und Kuchen-Stäbchen und Früchte in die geschmolzene Schokolade tauchen (8-9).

CHEFCLUB-TIPP
Damit Ihr Kuchen besonders locker wird, ersetzen Sie den Zucker mit Honig. Allerdings ist die Süßkraft von Honig weitaus stärker als die von Zucker. Sie brauchen für dieses Rezept daher nur 80 g Honig.

SÜSSES RACLETTE

NACH DEM RACLETTE IST VOR DEM RACLETTE

6 PERSONEN

ZUBEREITUNG
15 Minuten

ZUTATEN
200 ml Milch
200 g Mehl
3 Eier
2 EL Zucker
30 g Butter
100 g Schoko-Bons®
100 g weiche
*   Karamellbonbons*
100 g M&M's®
100 g Himbeeren
1 Apfel
1 Birne
1 Banane
Karamellsoße
Schlagsahne
Schokoladencreme

MATERIAL
1 Raclette-Grill
2 Schüsseln
Handrührgerät

1 Eigelbe und Eiweiße trennen und in zwei verschiedene Schüsseln geben. In die Schüssel mit dem Eigelb Zucker und geschmolzene Butter hinzufügen und vermischen.

2 Das Mehl unterrühren, die Milch hinzufügen und erneut verrühren (1). Die Eiweiße mithilfe eines Handrührgeräts steif schlagen, dann unter die Masse heben.

3 Die Zubereitung mit einer Schöpfkelle in die Pfännchen des Raclette-Grills füllen (2). Anschließend mit den Fruchtstücken und Bonbons garnieren (3).

4 Die Pfännchen so lange im Grill lassen, bis der Teig leicht angebräunt ist. Die kleinen Küchlein mit Karamell überziehen, mit Schlagsahne oder Schokoladencreme verzieren. Guten Appetit (4)!

CHEFCLUB-TIPP
Mit diesem Rezept können Sie kleine Raclette-Küchlein in 1000 verschiedenen Variationen kreieren. Fügen Sie zum Beispiel dem Teig Gewürze wie Zimt oder Kakaopulver hinzu. Lassen Sie Ihrer Fantasie freien Lauf!

EINFACH DIE CHEFCLUB-APP HERUNTERLADEN
UND DIESEN CODE SCANNEN, UM DAS VIDEOS WIEDERZUFINDEN

EISWÜRFEL-PRALINEN

DIESE SÜSSEN HAPPEN MACHEN DAS LEBEN BUNTER

6 PERSONEN

ZUBEREITUNG
25 Minuten

ZUTATEN
350 g weiße Schokolade
1 TL rote Lebensmittelfarbe
1 TL blaue Lebensmittelfarbe
80 g ungesalzene Erdnüsse
100 g Karamellsoße

MATERIAL
1 Teigschaber
1 Eiswürfelform
2 Schalen
1 Salatschüssel

1 300 g weiße Schokolade in 30-Sekunden-Intervallen in der Mikrowelle schmelzen. Je 1/4 der geschmolzenen Schokolade in die zwei Schalen füllen (1). In eine Schale rote, in die andere Schale blaue Lebensmittelfarbe geben. Gut verrühren (2). Den Rest der geschmolzenen Schokolade in der Salatschüssel lassen.

2 Mithilfe eines Löffels rote und blaue Linien auf die in der Salatschüssel verbliebene geschmolzene weiße Schokolade malen (3). Die Salatschüssel sanft schwenken, damit sich die Farben mischen. Die bunte Schokolade in eine Eiswürfelform gießen (4). Diese danach umdrehen, damit die Schokolade nur an den Seitenwänden der Form haften bleibt. 15 Minuten im Gefrierfach kalt stellen.

3 Im Anschluss Erdnüsse in jede Vertiefung der Eiswürfelform füllen (5) und diese dann mit einer Schicht Karamellsoße bedecken (6).Die restliche weiße Schokolade schmelzen und diese über die Eiswürfelform gießen, um alle Schokoladenwürfel zu verschließen (7). Mit einem Teigschaber glatt streichen, dann die Form 20 Minuten ins Gefrierfach stellen. Anschließend die Eiswürfel-Pralinen aus der Form lösen und kühl servieren (8-9).

CHEFCLUB-TIPP
Die ideale Temperatur, um Schokolade zu bearbeiten, ist 30 °C! Falls Sie kein Thermometer zur Hand haben sollten, können Sie auch einfach ein wenig Schokolade auf Ihre Lippen geben. Wenn die Wärme angenehm ist, stimmt die Temperatur. Keinesfalls darf sie so hoch sein, dass Sie sich verbrennen.

EINFACH DIE CHEFCLUB-APP HERUNTERLADEN
UND DIESEN CODE SCANNEN, UM DAS VIDEOS WIEDERZUFINDEN

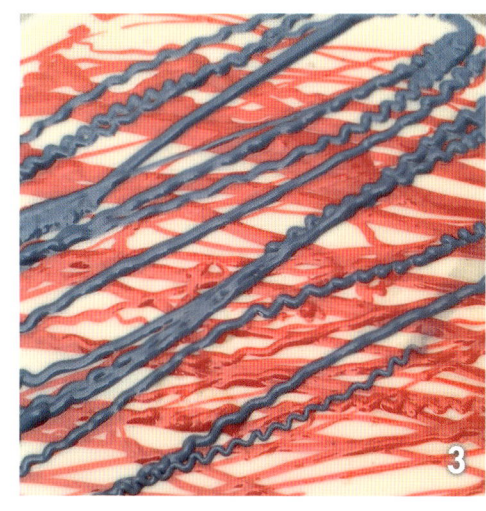

BÄRCHEN-BÛCHE

EIN FRANZÖSISCHER KLASSIKER IN DER CHEFCLUB-VERSION

 6 PERSONEN

 ZUBEREITUNG
25 Minuten

 ZUTATEN
200 g Haribo Primavera
Erdbeeren®
500 ml Sahne
12 Scheiben Toastbrot
10 Erdbeeren
200 g Gummibärchen

 MATERIAL
1 Handrührgerät
Frischhaltefolie
1 Nudelholz

1 Haribo Primavera Erdbeeren® in der Sahne schmelzen, in eine Schüssel gießen und 30 Minuten kalt stellen (1).

2 Die Kruste der Toastbrotscheiben abschneiden. Die Scheiben anschließend auf ein großes, rechteckiges Stück Frischhaltefolie legen (4 Scheiben in der Länge, 3 Scheiben in der Breite) und mit einem Nudelholz plätten. Die Erdbeerbonbon-Sahne steif schlagen (2).

3 Die Hälfte der Sahne auf dem Toastbrot verteilen. Die Erdbeeren halbieren und in drei Reihen längs auf dem Rechteck anordnen. Das Rechteck mithilfe der Frischhaltefolie fest aufrollen und 30 Minuten kalt stellen (3).

4 Die Bûche danach mit dem Rest der Sahne bestreichen. Anschließend mit nach Farben geordneten Gummibärchen dekorieren und servieren (4).

 CHEFCLUB-TIPP
Zu dieser schönen Bûche, einem traditionellen französischen Weihnachtskuchen, passen ganz hervorragend kleine Erdbeer-Weihnachtsmänner. Schneiden Sie die Erdbeeren horizontal durch und füllen Sie Sahne zwischen die zwei Hälften. Nutzen Sie die Sahne zudem, um die Knöpfe und den Bommel des Weihnachtsmannkostüms zu formen und fügen Sie zwei Schokotropfen als Augen hinzu.

TORTE DER TÜRME

EIN LIED VON EIS UND TIRAMISU

 6 PERSONEN

 ZUBEREITUNG
30 Minuten

 ZUTATEN
24 Löffelbiskuits
250 ml Kaffee
1 l Sahne
500 g Mascarpone
1 TL Vanilleextrakt
50 g ungezuckertes
   Kakaopulver
6 Eiswaffeln
500 ml Kaffeeeis
500 ml Vanilleeis

 MATERIAL
1 Springform
1 Handrührgerät
1 Eisportionierer

1 Die Hälfte der Löffelbiskuits in den Kaffee tauchen (1), auf den Boden der Springform legen und gut plätten (2). Sahne, Mascarpone und Vanilleextrakt steif schlagen (3).

2 Die Hälfte der Sahnemasse auf den Löffelbiskuits verteilen (4). Den Rest der Löffelbiskuits in den Kaffee tauchen und danach in der Kuchenform platzieren, um eine neue Schicht zu formen (5). Anschließend mit der restlichen Sahnemasse abdecken (6). Die Form 45 Minuten ins Gefrierfach stellen. Im Anschluss den Kuchen aus der Form lösen und mit Kakaopulver bestreuen.

3 Die Spitze einer jeden Eiswaffel abschneiden. Die Eiswaffeln anschließend der Länge nach durchschneiden und am Rand des Kuchens andrücken (7), um so optisch die Türme einer Burg entstehen zu lassen. Abwechselnd je eine Kugel Vanille-und eine Kugel Kaffeeeis auf die Eiswaffel-Burgtürme geben (8). Gut gekühlt servieren (9).

 **CHEFCLUB-TIPP**
Um die Eiskugeln ganz problemlos formen zu können, holen Sie das Eis 5 Minuten vor Ende der Ruhezeit des Tiramisu heraus. Und falls sich die Eiswaffeln nicht so glatt durchschneiden lassen, wie Sie es gerne möchten, können Sie die Ränder mithilfe einer feinen Käsereibe glätten. So erhalten Sie ein professionelles Resultat!

APFEL-SCHILDKRÖTEN

IMMER LANGSAM MIT DEN KLEINEN SCHILDKRÖTEN

6 PERSONEN

ZUBEREITUNG
40 Minuten

ZUTATEN
Für 6 Schildkröten
80 g brauner Zucker
6 TL Zimt
80 g Butter
2 Blätterteige
6 EL Apfelmus
2 Äpfel
Vanilleeis
Karamellsoße

MATERIAL
1 Nudelholz
1 kleine Auflaufform
1 Backblech
Backpapier
1 Eisportionierer

1 Braunen Zucker, Zimt und geschmolzene Butter miteinander mischen (1). Die Mischung gleichmäßig auf die Blätterteige auftragen (2), dann die Teige aufrollen. 30 Minuten ins Gefrierfach legen.

2 Im Anschluss die zwei Rollen in jeweils 1 cm breite Stücke schneiden (3). Die Stücke nebeneinander auf ein Stück Backpapier legen (4). Mit einem zweiten Stück Backpapier bedecken und mit einem Nudelholz plätten, sodass ein Teig entsteht (5).

3 Mithilfe einer umgedrehten kleinen Auflaufform 12 Scheiben aus dem Teig ausstechen (6). Die Hälfte der Scheiben mit je 1 EL Apfelmus und einigen Apfelwürfeln belegen (7). Dann mit den übrigen Scheiben bedecken (8). Auf ein mit Backpapier bedecktes Backblech legen und bei 190 °C 20 Minuten im Ofen backen. Die Schildkröten sehr warm mit einer Kugel Vanilleeis und Karamellsoße servieren (9).

CHEFCLUB-TIPP
Damit sich Ihr Eis besser formen lässt und keine Kristalle bildet, sollten Sie den Eis-Behälter in einen Gefrierbeutel stecken. Wenn Sie zudem den Eisportionierer in warmes Wasser tauchen, steht Ihren wohlgeformten Eisbällchen nichts mehr im Weg.

SCHLEMMER-KAFFEE

EIN EINZIGARTIGES ESPRESSO-ERLEBNIS

 4 PERSONEN

 ZUBEREITUNG
15 Minuten

 ZUTATEN
Für 4 Schlemmer-Kaffees
200 g Milchschokolade
4 Eiswaffeln
4 Espressos
Bunte Zuckerperlen
Schlagsahne
Kakaopulver

 MATERIAL
4 Strohhalme
Auflaufform

1 Die Schokolade im Wasserbad schmelzen (1). Die Innenseite der Eiswaffeln mit Schokolade bedecken (2), dann die Eiswaffeln über einer kleinen Auflaufform umdrehen, um die überschüssige Schokolade aufzufangen. Die Eiswaffeln 10 Minuten in den Kühlschrank stellen.

2 Die Ränder der Eiswaffeln zuerst in die restliche geschmolzene Schokolade und dann in die bunten Zuckerperlen tauchen. Danach jede Eiswaffel mit Espresso befüllen (3).

3 Mit Schlagsahne verzieren und mit Kakaopulver bestäuben. Mit einem Strohhalm servieren (4).

 **CHEFCLUB-TIPP**
Heben Sie den Kaffeesatz auf, füllen Sie ihn in ein kleines Schälchen und stellen Sie ihn in Ihren Kühlschrank neben stark riechende Lebensmittel. Sobald er vollkommen trocken ist, können Sie den Kaffeesatz in Ihrer Spüle entsorgen. Er soll sich bestens als Abflussreiniger eignen. Arabica sei Dank!

ÜBERRASCHUNGS-COOKIE

HARTE SCHALE, WEICHER KERN

6 PERSONEN

ZUBEREITUNG
40 Minuten

ZUTATEN
200 g Butter
200 g brauner Zucker
3 Eier
350 g Mehl
300 g Schokotropfen
250 g Kinder Schokolade®

MATERIAL
1 Backblech
Backpapier
1 runde Kuchenform
(Ø 20 cm)

1 Weiche Butter, braunen Zucker und Eier in einer Schüssel mischen. Mehl und Schokotropfen hinzufügen (1).

2 Mit der Hälfte des Cookie-Teigs auf einem mit Backpapier bedeckten Backblech eine Scheibe formen und diese dann 30 Minuten in den Kühlschrank stellen. Anschließend mithilfe eines umgedrehten Tellers und eines Messers einen wohl geformten Kreis in den Teig schneiden.

3 Die Kuchenform einfetten und dann mit dem restlichen Teig auslegen (2). Die Kinder Schokolade® kreisförmig auf den Boden der Form legen. Dann den scheibenförmigen Teig darüberlegen, um den Riesen-Cookie zu verschließen (3). Bei 180 °C 25 Minuten im Ofen backen, den XXL-Cookie aus der Form lösen und noch warm servieren (4).

CHEFCLUB-TIPP
Um zu erreichen, dass Ihr Cookie weich wird, benutzen Sie Brotmehl. Wenn Sie die Konsistenz eines Kuchens bevorzugen, sollten Sie Natron hinzufügen. Und falls Sie lieber einen knusprigen Cookie mit einem zartschmelzenden Kern zaubern wollen, fügen Sie ein wenig Backpulver und die gleiche Menge Natron hinzu.

KINDER SCHOKOLADE®-EIS

CREMIG, KNUSPRIG, KREATIV

 4 PERSONEN

 ZUBEREITUNG
25 Minuten

 ZUTATEN
*18 Riegel Kinder
 Schokolade®
400 ml Sahne
1 EL Kondensmilch
2 Erdbeeren
Bunte Zuckerperlen*

 MATERIAL
*1 Schneebesen
2 Schalen
4 kleine Luftballons*

1 16 Riegel Kinder Schokolade® schmelzen. Ein Viertel der geschmolzenen Schokolade in eine Schale füllen. In eine zweite Schale Zuckerperlen füllen.

2 Luftballons aufblasen (1) und zuerst in die abgekühlte, geschmolzene Kinder Schokolade® und dann in die Zuckerperlen tauchen. Die Ballons ins Gefrierfach stellen.

3 Die Sahne steif schlagen und nach und nach vorsichtig die geschmolzene Kinder Schokolade® unterheben. Die restlichen Riegel Kinder Schokolade® in Stücke schneiden und zusammen mit der Kondensmilch zur Schokoladencreme geben (2). Drei Stunden ins Gefrierfach stellen.

4 Die Ballons aus dem Gefrierfach nehmen, platzen lassen (3) und von der Schokolade abziehen. 2 Kugeln Kinder Schokolade®-Eis in die Schoko-Schälchen geben und dann mit einer halben Erdbeere und bunten Zuckerperlen garnieren. Schnell servieren (4), damit das Eis nicht schmilzt.

 **CHEFCLUB-TIPP**
Um ein luftig-cremiges Eis zu erhalten, sollten Sie zum Verrühren der Sahne mit der geschmolzenen Kinder Schokolade® ein Handrührgerät verwenden.

RAFFINIERTE BIRNEN-TÖRTCHEN

MIT ZART SCHMELZENDER FÜLLUNG

4 PERSONEN

ZUBEREITUNG
25 Minuten

ZUTATEN
Für 4 Birnen
2 Birnen
4 Lindt Lindor® Kugeln
1 Blätterteig
1 Zitrone
1 Eigelb
Puderzucker

MATERIAL
1 Kugelausstecher
1 Backblech
Backpapier
1 Pinsel

1 Die Birnen halbieren (1) und mithilfe eines Kugelausstechers die Kerngehäuse entfernen (2). Eine Lindt Lindor®-Kugel in jedem Loch platzieren (3).

2 Die Birnen-Hälften umgedreht auf den Blätterteig legen. Die Kontur der Birnen mithilfe eines Messers in den Teig schneiden. Dabei 1,5 cm Teig um die Früchte herum lassen (4). Die Birnen und ihren Teig dann auf ein mit Backpapier belegtes Backblech legen und mit dem Rest des Blätterteigs dekorieren (5).

3 Die Birnen der Länge nach einschneiden und mit einigen Tropfen Zitronensaft einpinseln (6). Mit Puderzucker bestreuen und den Teig mithilfe eines Pinsels mit Eigelb bestreichen (7). 15 Minuten bei 180 °C im Ofen backen und noch warm servieren (8-9).

CHEFCLUB-TIPP
Legen Sie den Blätterteig kurz ins Gefrierfach, bevor Sie ihn benutzen. So lässt er sich viel einfacher schneiden. Der Teig wird auf diese Weise fester und Sie können ihn ohne Probleme zuschneiden.

EISIGER CHEESECAKE

DER KÄSEKUCHEN MIT GÄNSEHAUT-GARANTIE

8 PERSONEN

ZUBEREITUNG
25 Minuten

ZUTATEN

2 Bananen
300 g Erdbeeren
8 Kinder Bueno®
1 l Sahne
250 g Mascarpone
80 g Puderzucker
1 Vanilleschote
200 g Nutella®
Haselnüsse

MATERIAL

1 Springform
1 Handrührgerät
1 Schöpfkelle

1 Die Bananen in Scheiben schneiden und die Erdbeeren halbieren. Die Kinder Bueno®-Riegel in Stücke schneiden und damit den Boden der Springform auslegen. Die Seitenwände der Form mit den geschnittenen Früchten auskleiden (1).

2 Die gut gekühlte Sahne mit Mascarpone, Puderzucker und dem Vanillemark steif schlagen. Die Creme in der Kuchenform verteilen und glatt streichen. Die Rückseite der Schöpfkelle in die Mitte der Creme drücken (2), um eine Mulde zu formen (3). 4 Stunden ins Gefrierfach stellen.

3 Im Anschluss die Mulde mit Nutella® füllen. Den Käsekuchen um die Mulde herum mit gehackten Haselnüssen bestreuen. Dann servieren (4).

CHEFCLUB-TIPP
Um noch einfacher eine Mulde in die Creme zu drücken, tauchen Sie die Schöpfkelle zuvor in warmes Wasser ein. Dies macht die Creme so weich wie Butter.

APFEL-FLAN

LÄSST KINDERHERZEN HÖHER SCHLAGEN

6 PERSONEN

ZUBEREITUNG
15 Minuten

ZUTATEN
1 rechteckiger Blätterteig
6 Äpfel
4 Eier
300 ml Milch
80 g Mehl
60 g Zucker
50 g Butter
Brauner Zucker
Vanilleeis
Karamellsoße

MATERIAL
1 Auflaufform

1 Den Blätterteig in die Form legen. Die Äpfel schälen (1) und halbieren. Den Stiel und das Kerngehäuse entfernen. Die Apfelhälften der Länge nach in Scheiben schneiden und sie dann so in die Auflaufform legen, dass sie ihre Apfelform beibehalten (2).

2 Eier, Milch, Mehl, Zucker und geschmolzene Butter mischen und dann zwischen die Äpfel gießen (3). Mit braunem Zucker bestreuen.

3 Bei 170 °C 20 Minuten im Ofen backen. Danach mit einer Kugel Vanilleeis und Karamellsoße servieren (4).

CHEFCLUB-TIPP
Bevorzugen Sie für dieses Rezept eher süßere Apfelsorten. Die Sorten Golden, Pink Lady oder Gala eignen sich hervorragend. Saurere Sorten wie Granny Smith sollten Sie hingegen lieber für Salate verwenden oder bei der Zubereitung herzhafterer Gerichte.

GLÜCKSRAD-KUCHEN

WELCHES STÜCK LANDET IN IHREM BAUCH?

6 PERSONEN

ZUBEREITUNG
40 Minuten

ZUTATEN
250 g Naturjoghurt
350 g Zucker
450 g Mehl
6 Eier
1 Päckchen Backpulver
40 g Kakaopulver
500 ml Sahne
70 g Puderzucker
100 g Nutella®
1 Packung Mikado®
 -Stäbchen
40 g Krokodil-Bonbons
30 g Haribo Primavera
 Erdbeeren
4 Riegel KitKat®
2 Kinder Bueno®
70 g M&M's®
1 Banane

MATERIAL
1 Stück Karton
Alufolie
1 Springform (Ø 20 cm)
1 Handrührgerät

1 Drei Streifen Karton zuschneiden, die der Höhe und dem Umfang der Kuchenform entsprechen. Die Streifen in Alufolie einwickeln und in der Mitte einschneiden. Die Streifen sternförmig in der Kuchenform zusammenstecken (1).

2 Joghurt, Zucker, Mehl, Eier und Backpulver mischen, bis ein glatter Teig entsteht. Den Teig in zwei Hälften teilen (2). Einer Hälfte das Kakaopulver beimischen. Jeweils abwechselnd die zwei Teige in die 6 Teile der Kuchenform gießen (3). 25 Minuten bei 180 °C backen.

3 Die gut gekühlte Sahne mit dem Puderzucker mithilfe eines Handrührgeräts steif schlagen. Vorsichtig Nutella® unterheben (4). Den Kuchen aus dem Ofen nehmen, aus der Form lösen und die Trennwände entfernen (5), abkühlen lassen und mit der Schokoladen-Sahne-Mischung bestreichen (6).

4 Den seitlichen Rand des Kuchens mit Mikado® dekorieren (7). Dafür den mit Schokolade überzogenen Teil der Mikado®-Stäbchen verwenden. Die restlichen Mikado®-Stäbchen sternförmig auf den Kuchen legen, sodass sich 6 Dreiecke ergeben, die die einzelnen Teile des Kuchens nachzeichnen (8). Die Banane in Scheiben schneiden und ein Dreieck damit belegen. Jedes weitere Dreieck mit einer anderen Süßigkeit belegen. Guten Appetit (9)!

CHEFCLUB-TIPP
Sie haben keinen Messbecher zur Hand? Sie können diesen Kuchen auch zubereiten, indem Sie sich einen Joghurtbecher zunutze machen. In diesem Fall benötigen Sie 4 Becher Zucker und 6 Becher Mehl.

SORBET AM STIEL

FARBENFROH UND ERFRISCHEND

 6 PERSONEN

 ZUBEREITUNG
15 Minuten

 ZUTATEN
Für 6 Sorbets
2 Mangos
150 g Eiswürfel
1 Banane
1 Kiwi
2 Erdbeeren
1 Limette

 MATERIAL
1 Mixer
6 Plastikbecher
6 Eisstiele

1 Die Mangos der Länge nach halbieren (1), die Kerne entfernen und die Mangos schälen. Mit Eiswürfeln im Mixer mixen (2), dann in die Plastikbecher füllen (3).

2 Die Banane und die Kiwi schälen und die Stiele der Erdbeeren entfernen. Die Früchte in Scheiben schneiden. Diese an den Innenseiten der Plastikbecher platzieren (4-6).

3 Die Limette in Scheiben schneiden. Die Eisstiele durch je eine Limettenscheibe (7) in die Gläser stecken (8). Die Sorbets mindestens 3 Stunden ins Gefrierfach stellen und kurz vor dem Servieren aus den Bechern lösen. Eisgekühlt servieren (9).

 **CHEFCLUB-TIPP**
Wenn Sie sich Ihre Finger beim Essen nicht mit Eis verschmieren wollen, dann stecken Sie doch Ihren Stiel durch ein Cupcake-Förmchen. Goodbye Kleckerei!

ZWEIFARBIGE SCHOKO-MOUSSE

LUFTIG-LEICHT UND UNGLAUBLICH CREMIG

LIGHT & FUN REZEPTE

6 PERSONEN

ZUBEREITUNG
15 Minuten

ZUTATEN
Für 6 Mousses au Chocolat
2 Eiweiße
250 g Quark (0 % Fett)
200 g Zartbitterschokolade
200 ml Wasser
1 Limette
Bunte Zuckerstreusel

MATERIAL
1 Handrührgerät
3 Gefrierbeutel
6 Gläser

1 Die Eiweiße und den Quark schlagen, um eine erste Mousse zu erhalten.

2 Die Schokolade in eine Glasschüssel geben und in der Mikrowelle schmelzen. Dann die Schüssel in Eiswasser stellen. Der geschmolzenen Schokolade unter Rühren nach und nach Wasser zuführen, um eine zweite Mousse zu erhalten (1). Die weiße und die braune Mousse jeweils in einen Gefrierbeutel füllen (2). Die beiden Beutel dann in einen dritten Gefrierbeutel geben.

3 Die Gläser in geschmolzene Zartbitterschokolade und anschließend in bunte Zuckerstreusel tauchen (3). Dem Gefrierbeutel an einer Seite eine Ecke abschneiden, um ihn als Spritzbeutel nutzen zu können. So die Gläser mit beiden Mousses gleichzeitig auffüllen. Ein wenig Limettenschale darüber reiben und bis zum Servieren im Kühlschrank aufbewahren (4).

CHEFCLUB-TIPP
Sie haben sich die Zunge verbrannt? Um dem Schmerz ein Ende zu bereiten, legen Sie einfach ein Stück Zartbitter- oder Milchschokolade auf die schmerzende Stelle und lassen Sie es dort schmelzen.

DANKE

... Es ist uns ein Vergnügen und eine Ehre, Ihnen mit dieser Rezeptsammlung das Dessert servieren zu dürfen!

Mit diesem zweiten Buch halten Sie den Anfang einer ganzen Reihe von Chefclub-Büchern in der Hand. Produziert werden diese von einem Team, das immer weiter wächst. In unserem Sitz in Paris tummeln sich mittlerweile mehr als 40 Mitarbeiter. Und das haben wir Ihnen zu verdanken!

Unsere Mission ist nach wie vor dieselbe: Wir legen uns jeden Tag ins Zeug, um Ihnen überraschende Videos, abwechslungsreichen Kochspaß und köstliche Mahlzeiten zu bescheren! Das ist eine Aufgabe, die wir dank Ihrer Ermutigungen immer wieder aufs Neue meistern. Mehr als 60 Millionen Menschen folgen Chefclub in den sozialen Netzwerken, und es ist uns eine große Ehre, dieses Abenteuer gemeinsam mit Ihnen fortzusetzen.

Kulinarische Grüße,

Ihr Chefclub-Team

IMMER NOCH NICHT SATT?

Entdecken Sie 3 brandneue Rezeptvideos!
Ein exklusives Geschenk für die Käufer dieses Buchs

So schalten Sie die verborgenen Videos frei:
1. Laden Sie sich die Chefclub-App kostenlos herunter.
2. Sobald Sie die App geöffnet haben, scannen Sie den hier abgebildeten QR-Code
und schon kann es losgehen!

NOCH MEHR REZEPTE
IN DER CHEFCLUB-APP!

KOSTENLOSER DOWNLOAD !

SCHNAPS-STOLLEN

2019, Snacking Media
53, rue de Chabrol
75010 Paris - Frankreich

Pflichtexemplar: April 2019
ISBN: 978-2-490129-30-0
Gedruckt in Europa von Koryo im April 2019